U0466574

〔美〕博恩·崔西 著

赵倩 译

完善招聘流程，
提高生产效率

HIRING & FIRING

# 如何聘用和解聘员工

中国科学技术出版社
·北 京·

HIRING & FIRING by Brian Tracy.
Copyright © 2016 Brian Tracy.
Original English language edition published by arrangement with HarperCollins Leadership,
a division of HarperCollins Focus, LLC.
Simplified Chinese translation copyright ©2022 by China Science and Technology Press
Co., Ltd.
All rights reserved.
北京市版权局著作权合同登记　图字：01-2021-5922。

**图书在版编目（CIP）数据**

如何聘用和解聘员工 / (美) 博恩・崔西著；赵倩
译 . — 北京：中国科学技术出版社，2022.3
书名原文：HIRING & FIRING

ISBN 978-7-5046-9424-9

Ⅰ . ①如… Ⅱ . ①博… ②赵… Ⅲ . ①企业管理—人
力资源管理 Ⅳ . ① F272.92

中国版本图书馆 CIP 数据核字（2022）第 028820 号

| | | | | |
|---|---|---|---|---|
| 策划编辑 | 杜凡如　龙凤鸣 | 责任编辑 | 龙凤鸣 |
| 封面设计 | 马筱琨 | 版式设计 | 蚂蚁设计 |
| 责任校对 | 吕传新 | 责任印制 | 李晓霖 |

| | |
|---|---|
| 出　　版 | 中国科学技术出版社 |
| 发　　行 | 中国科学技术出版社有限公司发行部 |
| 地　　址 | 北京市海淀区中关村南大街 16 号 |
| 邮　　编 | 100081 |
| 发行电话 | 010-62173865 |
| 传　　真 | 010-62173081 |
| 网　　址 | http://www.cspbooks.com.cn |

| | |
|---|---|
| 开　　本 | 787mm × 1092mm　1/32 |
| 字　　数 | 50 千字 |
| 印　　张 | 5 |
| 版　　次 | 2022 年 3 月第 1 版 |
| 印　　次 | 2022 年 3 月第 1 次印刷 |
| 印　　刷 | 北京盛通印刷股份有限公司 |
| 书　　号 | ISBN 978-7-5046-9424-9/F・981 |
| 定　　价 | 59.00 元 |

（凡购买本社图书，如有缺页、倒页、脱页者，本社发行部负责调换）

# 前言

## PREFACE

　　管理者的职责是通过他人来创造成果，因此员工的招聘与解聘是管理者非常重要的两项任务。招聘复杂多变；解聘困难重重，令人倍感压力。如果管理者想在组织中发挥自己的全部潜力，就必须通过学习和实践来掌握这两项技能。

　　招募一批高效且称职的员工，并将他们组建成一支团队，这是管理者一项重要的才能。在现代社会中，所有工作都需要团队协作——团队成员携手合作、高效互动，实现预定的目标。因此，挑选合适的团队成员对管理者与企业的成功都至关重要。

如何聘用和解聘员工
HIRING & FIRING

　　本书基于博恩·崔西三十多年来对企业各级员工的招聘、培训、晋升、降职与解聘的经验，涵盖当今世界顶级管理专家与管理人员对如何聘用和解聘员工的深度思考。本书介绍的方法可以帮你完善招聘与解聘的流程，提高生产效率，增加业绩与盈利，实现更高水平的团队合作，使企业的工作氛围更加和谐。

　　人类是极其复杂又难以捉摸的生物，因此，即使是最高明的招聘技巧，其成功率也只有66%。权威统计数据显示，在管理者录用的人中，从长远来看，大约有三分之一的员工无法胜任其工作。但是，采用本书提供的建议和方法，管理者可以大大提高招聘成功的概率。

## ◐ 招聘的另一面

十二岁时，我的商业生涯就开始了。那时我买了一台割草机，挨家挨户地招揽生意修剪草坪。十三岁时，我聘用了第一位员工，他是我最好的朋友。同年，我又解聘了我的第一位员工——他不再是我最好的朋友。

这些年里我招聘过几百人，也解聘过几百人。解聘的这些人并非全部由我亲自招聘——有些人是在我之前的上一任管理者招聘的。

随着时间的推移，我阅读了大量有关招聘与解聘的资料，也一直在关注这方面的最新信息。我修了关于人才选拔的研究生课程，参加讲座，听音频节目，广泛阅读相关图书与论文，并且通过研究分

析得出了大量有关招聘与解聘的观点。

接下来我将介绍 21 种方法，帮助管理者招聘最优秀的人才，确保他们取得成功。如果有必要的话，你也可以通过本书介绍的方法解聘那些不够称职的员工。

这些方法十分简单，而且行之有效，管理者可以在未来的职业生涯中加以运用。现在就让我们开始吧。

# 目录

CONTENTS

如何聘用和解聘员工
HIRING & FIRING

# 第一章
## 遴选过程

对于管理者与企业而言，人才选拔是成功的关键。管理的第一法则是遴选。企业成功与否，95%取决于企业所招募的员工。

选人太急，后悔莫及。匆忙做出的录用决定往往会带来不幸。一个录用决定不仅影响管理者的生活与工作，而且会对其他人的生活、处境、态度、个性与技能造成一定的影响。招聘涉及很多方面，对人们生活所造成的影响不亚于其他事物（除家庭之外）。因此，如果需要招聘员工，最好的办法就是

慢慢来，仔细挑选。

## 慢慢来

　　招聘是一门艺术，急不得。它就像画一幅肖像画或准备一顿美味佳肴。作为管理者，有时你可能很快就完成了招聘工作，但大多数情况下，必须慢慢来，确保做出正确的决定。

　　你在招聘中常常会犯一个错误：把招聘当成了解决问题的办法。你负担的工作过多。当有人离职或企业扩张，导致职位出现了空缺，有些工作没有人做，因此你想聘用新员工来解决这个问题。于是，你走进人才招聘市场，随便招来一个人，将他安排到空缺的岗位上，希望他能填补空缺。

第一章
遴选过程

这是最糟糕的一种方法。很多企业或中小型公司的负责人都会错误地把招聘新员工当成解决问题的办法。这种招聘的态度和方式大错特错。

## ✅ 错误的选择让你付出高昂的代价

错误的选择会令你付出高昂的代价。你或许认为如果这个人不合适，只要解聘他，再招别人就好了。但是，作为管理者，千万不能这么想。如果你抱有这样的态度，说明经验不足或能力不够，不该负责招聘工作。

招聘工作需要投入高昂的成本，原因有三个，具体如下。

（1）投入时间——你要参与选拔、准备、面试、聘用等过程，并对新人进行培训，这些都需要花费

时间。

（2）投入资金。为了支付新员工的薪酬、奖金与培训费用，你会投入一定数量的资金。当这位员工被解聘或者辞职的时候，他将带着所学的一切离开，这意味着你损失了所投入的资金。

（3）生产力会降低。从解聘一位员工到下一位新员工到岗的这段时间，你需要投入精力去做额外的工作，从而使个人的生产力降低。

此外，解聘也会极大地影响在职员工的士气。如果公司总是频繁地解聘员工，或者人员流动率高，那么其他员工的积极性必然会受影响，其业绩与生产效率也会十分低下。因为这些员工都在担心，下一个被解聘的会不会是自己。

人力资源专家认为，如果你聘用一个员工，发

现他无法胜任工作便将其解聘，这个过程所花费的成本相当于一个员工年薪的3~6倍。正因为如此，那些人员流动率高的公司几乎都不可避免地面临效益不好的问题。而最赚钱的公司的人员流动率每年只有1%~2%。

即使急需找一个合适的人来填补岗位空缺，也要牢记这一句谚语：从容赶急（Make haste slowly）。

**▶ 实践练习** ┈┈┈┈┈┈┈┈┈┈┈┈┈┈┈┈

1. 回顾你招聘的所有员工，哪个员工最优秀？你当时如何做出录用他的决定？

2. 回顾你招聘的所有员工，哪个员工最糟糕？你在录用他时犯了什么错误？从中吸取了什么教训？

# 第 二 章
## 深思熟虑

　　国际商用机器公司（IBM）的创始人托马斯·J.
沃森（Thomas J. Watson）在公司办公室的每面墙
上都贴上标语"思考（Think）！"每当要做决定或
解决问题时，IBM 的员工都会看一看这些标语。

　　这条经验也适用于招聘。作为管理者，首先你
要全盘考虑这份工作，这是重中之重。你要仔细地
思考这份工作的实际需求，如员工每天要做什么，
希望他取得哪些具体的成果。

第二章
深思熟虑

## 停下来，想一想

当你决定招聘新员工时，先停一下，退一步思考，不要不假思索地聘用一个和之前的员工差别不大的人。你要花点时间分析这个岗位当前的职责，如同这是一个全新的岗位。

假设有一间工厂，工厂里有以下三道程序。

第一道程序是输入：维持工厂运营的资金、时间、资源、原材料、管理等。

第二道程序是活动：工厂为了生产可以在市场上销售的产品所进行的活动。工厂进行生产活动，从而有了输出。

第三道程序是生产具体的产品。这些产品可以为他人所用，或者与其他工作或活动结合，创造一种可在市场上销售的产品或服务。

##  每个员工都是一间工厂

将每个员工想象成一间工厂。每个员工都有输入，指可用于工作的知识、技能、天赋、背景和经验。在工作的过程中，个人需承担一系列的职能、任务与活动，它们构成了员工的工作内容。

最后，员工输出具体的、可测量的成果，其完成情况将决定员工的成功与否。

当你仔细思考这个岗位的时候，问一问自己："我到底希望这位新员工输出哪些具体的、可测量的成果？要完成这些任务，该员工需要具备哪些技能？"

## 更新你的思维

当今时代快速发展，未来充满了不确定性，因此现在的岗位可能需要应聘者具备新技能。这些新技能不同于该岗位此前需要的技能，或者不同于以往员工所具备的技能。通常情况下，工作会随着时间的推移而变化和演变，你需要的不是离职员工的替代者，而是一个完全不同的新员工。

能够胜任这份工作并取得预期成果的人应该具备哪些素质？如果一份工作只需要一般的能力与才智，产出普通的产品与服务，那么你就无须安排一个能力特别强的人。用不着让他来完成一个没有特别要求或不具有挑战性的普通工作。

如果这份工作要求极高，非常具有挑战性，那

么你需要聘用一个技术娴熟的人。因此，在招聘时必须实事求是地说明完成这份工作所需的素质与技能，因为你要为这些素质与技能付费。

## 📋 这份工作可行吗？

彼得·德鲁克（Peter Drucker）建议，在思考一个岗位的时候，问自己一个问题："这个岗位可行吗？"换句话说，这个岗位的工作内容是否能由一个普通员工承担？

大多数情况下，一份工作不太可能由一个人独自完成。这些工作可能非常复杂，或者完成它需要用到多种技能。你所设置的这个岗位可能需要一个人完成两件相互冲突的任务，抑或其工作量对一个人来说过于繁重。

几年前，我开始进口和分销一系列日本汽车。第一年，我们设置了 64 个经销店来卖这些车辆。这样一来就需要一位超级销售员，恰好我们有这样一位销售员。但我们也坚持让他与每个经销商的财务部、配件部、服务部和销售部配合，完成大量的文书工作，这些文书工作关系到我们能否通过这些经销商顺利地售出汽车。

## 拆分任务

这位销售员非常善于向经销商推销我们的汽车，但不擅长做文书工作，因此，接二连三地与经销商起争执。他经常拖延或完不成经销网络中其他人所

需的文件，耽误了对方的工作进展。为此我们没少争吵，以致双方都感到筋疲力尽。

最后，我终于醒悟，优秀的销售员未必在文书工作或其他细节上也同样优秀。而我们的客服经理热衷于处理细节工作，他的性情正好适合填写那些条条框框的车辆、配件、服务和财务申请表。

我让这位顶尖的销售员专注于建立关系，开设新的经销店——这是我们取得经济成功的关键。然后，客服经理开始工作，确保经销网络中所有的文件都能按时、准确地完成。结果如何呢？当然是再也没有出现过问题。

确保你正在招聘的岗位的工作内容可以由一个人承担。随着管理经验的日益丰富，以及对这个岗位的逐步了解，你会越来越清楚这个岗位需要做什么。同时，你还要经常调整岗位说明。

> **实践练习**

　　1. 在公司里找一份待完成的工作或尚在空缺的岗位。对于从事该工作的人，你有哪些期待？

　　2. 为了出色地完成这份工作，员工必须具备的三项最重要的技能与以往的经验是什么？

# 第三章
# 写出岗位说明

　　俗话说：磨刀不误砍柴工。在考虑招聘新员工时，你需要写出详细的岗位说明。

　　清晰的思路是最好的朋友。自己越清楚想招聘什么样的人，越能做出准确的决策。

　　将想法写在纸上。当开始描述一个岗位时，先将自己置身其中，认真思考该岗位上的员工从早到晚都应该做些什么。

　　列出新员工需要承担的每一项任务、职能与责任，并将它们做成一张清单，如同你在一步步地向

理想的新员工描述这份工作。这样做会促使你更加深入地去思考这个岗位。这项任务很费功夫，因此大多数人都不愿意做。但是，许多管理者不清楚新员工到底需要做什么，结果一错再错、接二连三地用错人。

## 📝 列清单

一旦列出清单，你就需要仔细检查每一项任务、职能与责任，并按重要性对它们进行排序。这一步很简单：在每一项旁边标注"非常重要""重要"或"不太重要"即可。

你也可以用"1""2""3"代表重要程度，用"A""B""C"表示优先顺序，其中，"1"表示非常

重要，"2"表示重要，"3"表示不太重要，"A"表示最优先，"B"表示优先，"C"表示不优先。然后你可以将它们进一步组合，表示该项的重要程度和优先顺序，例如 A-1、A-2、A-3 等。

你必须非常清楚什么任务是非常重要的。因为在面试过程中，你必须确定应聘者能否出色地完成这些任务。

还有一种列清单的方法可以帮助你更好地认识这个岗位，那就是为清单上的各项任务、职能或责任打分，所有项的分数之和为 100 分。在打分的时候，会出现一些任务、职能或责任的分数较高，另一些分数较低或根本没有分数的情况。

当你通过清单为应聘者打分时，得分最高的一项应该是以往的工作经验，即应聘者应取得相关成

果，证明他可以胜任此工作。

## 📝 必须要做的事和喜欢的事

招聘员工时，你会面临"必须要做的事"与"喜欢的事"。这两者之间的区别在于，前者是指应聘者必须具备完成必须要做的事的能力，而后者只是对工作业绩不那么看重。

必须要做的事包括能够出色地完成工作中最重要的部分。喜欢的事可能是住在办公室附近或健身运动。

另一个必须要做的事可能是禁烟。有一次，我聘用了一个女性员工，她隐瞒了自己爱吸烟的习惯。我问她身上怎么有烟味，她说自己的男朋友是个"大烟枪"。后来，我发现她会关上办公室的门，偷偷地吸烟。结果她的办公室闻起来像个烟草仓。我不得不辞退了她。

##  寻找品行端正的人

思考一下，新员工将和哪些人一起工作？同事对新员工能否胜任工作有很大影响。新员工能与这些同事相处融洽吗？

在公司，通过初步遴选的应聘者会被介绍给未来可能与他共事的员工们。这些员工对这位应聘者进行小型面试，然后将面试结果告诉最终做出录用决定的每个人。我从来不会聘用会一起共事的员工们不喜欢的人。

第三章
写出岗位说明

## 🔍 寻找合适的人

这一类工作需要员工具备哪种个性与工作态度？人们无法胜任工作的首要原因是不适合。他们的个性和性情与公司经营方式不符。

例如，如果要招聘办公室文员、会计或计算机编程员，好静或独立自主的人将是最佳的选择。如果是销售、市场营销或面向客户的其他岗位，你需要招一个善于社交、性格外向的人。

我们发现，在客户关系管理的岗位上，那些表面上看起来内向害羞的人在打电话的时候，往往表现得很活跃，充满热情，活力四射，看起来很有风度和说服力。

最后，请记住，当你描述岗位时，要对一个人

可以做什么和一个人将要做什么有所区别，特别是销售与市场营销方面。我们发现，很多人有销售能力，但是从不离开公司去推销产品，这是因为他们非常不愿意拜访客户或者害怕被拒绝。

如果你能投入更多的时间去思考岗位，并详细地写出对应聘者的要求，那么很有可能会招到理想的员工。急事需缓办。

**▷实践练习** ┄┄┄┄┄┄┄┄┄┄┄┄┄┄┄┄┄┄┄┄┄

1. 从表现优秀的员工身上找出两种最重要的品质。他们之间有什么共同点？

2. 在招聘新员工时，你非常看重的两项技能是什么？

# 第四章
# 找到合适的应聘者

吸引大量条件合适的应聘者以便遴选，这是招聘过程中的重要环节。如果你要为一个重要的岗位招聘员工，首先必须吸引大量的求职者投递简历，这样才能确保最后有合适的人选。

## 广撒网

卡梅伦·赫罗尔德（Cameron Herold）在其著作《双倍双倍》（*Double Double*）中进行了一项估算，即每16个应聘者中可以选出一个合适的人。有高管发现，他们需要250份求职简历，才能筛选出16个应聘者参加面试，进而从中挑选出可以录用的那个应聘者。

寻找合适的应聘者的方法就是广撒网。请记住，最适合的员工可能已在其他公司任职，但他可能存在工作不顺利或者薪酬过低的情况，或者两者皆有。身为管理者，你的一项重要职责就是始终留意那些已经在其他公司任职的人，为他们提供更好的岗位。

 **从公司内部开始**

如果你在一家尚处于发展阶段的小公司，那么招募新员工就是你的主要工作职责。例如，销售经理需要将20%的时间（即每周抽出一个工作日）用

于寻找、面试并聘用优秀的销售人员。

如果你的公司规模较大，通常由人力资源部门或人事部门进行招聘。你可以从公司内部寻找应聘者。明确岗位要求，并在公司内传阅，让每个人都知道你正在寻找某种类型的人才。

如果能从内部招聘，那么这将最大限度地降低公司的人员流动率，同时保证高水平的生产效率。

我合作过的一家公司的岗位几乎全部从内部招聘，或者通过员工推荐招聘。如果能为公司招到一个新员工，那么这个员工将获得总额为 1 500 美元的奖金。这笔奖金分三次发放，当新人被录取后，推荐他的员工先获得 500 美元奖金；当新人工作满六个月后，该员工将再得 500 美元；当新人工作满一年后，该员工将得到剩下的 500 美元。

　　这种奖金制度激励着公司每一位员工，他们不断寻找可以推荐的人选。该制度的优势在于，没有人愿意推荐一个会对自己造成负面影响的人。他们几乎总是先对自己要推荐的应聘者进行审查。

## 利用互联网

　　从各个层面上来说，互联网或许是求职和招聘信息最重要的来源。你能在脸书（Facebook）、领英（LinkedIn）、克雷格列表❶（Craigslist）、Monster❷

---

❶　克雷格列表是一家免费的分类广告网站，其分类信息包括求职、招聘等。

❷　Monster 是一家求职网站，主要帮助其用户找工作。

求职网或凯业必达招聘网❶（CareerBuilder）上找到几乎所有你需要的人才。哪怕只在谷歌（Google）的搜索栏输入岗位或工作，其搜索结果也会令你感到惊喜。据说，现在的求职者可以使用的大小网站多达 2 000 个，他们可以在网站上进行注册，让用人单位了解自己。

　　我们公司和当今的大多数公司一样，最初的求职申请都在线上进行。应聘者根据网站的指示填写申请表，回答几个与工作相关的具体问题。这种方式能高效地筛选出符合要求的应聘者，因为大部分求职申请都不符合条件，可以迅速将其筛除。

　　也有公司使用另一种招聘方式——私下沟通。他

---

❶　凯业必达招聘网是一家提供招聘和求职服务的网站。

们向数据库中潜在的每一个能够推荐应聘者的人发送电子邮件，描述岗位的需求。我的"创意求职"（Creative Job Search）项目研究发现85%的重要岗位从未发布过招聘信息，而是通过推荐完成招聘。

## 📖 利用专业人员

对于专业性岗位与领导层岗位，你可以利用专业的猎头来完成招聘。这些猎头可以为你节省大量的时间，因为他们有人脉和经验，非常善于为特定的岗位寻找合适的人。一般情况下，他们会收取被推荐人第一年薪资的 15%~25% 作为酬劳，但这是值得的。

## 📺 问题出在哪儿？

如果你很难吸引足够数量的应聘者，那么问题可能出在以下两个方面：一方面，你所描述的工作无法由一个人完成；另一方面，对于能够胜任该工作的人来说，你提供的薪酬令人难以接受。

如果你能提供一份有吸引力的工作，薪酬丰厚，且公司的发展前景良好，能为员工提供充足的晋升机会，那么优秀的应聘者应该络绎不绝。否则，你需要重新完成岗位说明，使其更具吸引力和可行性。

## ▶ 实践练习

1. 找出到目前为止，招聘的最优秀员工的来源。

你是从哪里招聘到他 / 她的?

　　2. 找出两种可以吸引应聘者的方法，并立刻进

行尝试。

第五章

# 面试流程

　　仔细思考并设计面试流程，以实现效率最大化。如今，很多公司都有相应的制度：首先吸引求职者投递简历，邀请他们参加群体面试，并对通过群体面试的应聘者进行单独面试；然后对通过单独面试的应聘者进行测试，检查他们的推荐信；最后发放录用通知，制订入职培训计划。

## 🔲 提前规划

无论是线上申请还是其他申请方式，当决定要对某个岗位的应聘者进行面试时，必须在进行面试之前规划好面试流程与顺序。

面试时，大多数的管理者要么滔滔不绝，要么缄口不语，或者根据应聘申请表中的信息问几个简单的问题。他们从来没有接受过面试方面的培训——尽管这是管理者在其职业生涯中必做的一项重要工作。

多年来，我研究出了一套面试方法，并将其介绍给成千上万的管理者。其中许多人给我的反馈是：这套面试方法对他们的职业生涯产生了重要的积极影响。

## 📝 执行步骤

第一步：写出面试时提问的逻辑顺序，并按照这个顺序进行提问。这一步骤切不可敷衍了事。

当你第一次见到应聘者时，可以先让他坐下，然后进行自我介绍，并让对方放轻松。对一个人来说，应聘面试是压力最大的时候。你的任务就是在面试开始前减轻应聘者的心理压力。

第二步：先说一段开场白："请放松。我们今天并不会做任何最终的决定。因此，让我们用平常心来对待这次面试，就像律师们常说的，'不影响实体权利'。"

然后继续说："我会告诉你有关公司和这个岗位的情况。了解你以前做过什么，对这份工作有什么想法和感受。我们一起看看这份工作是否适合你。你希望这份工作能让你满意，我们也希望找到合适的人来做这份工作。即使这次面试不成功，也没关系，它不会对我们任何一方产生负面影响。因此，你只要放轻松就好。"

第三步：介绍公司的情况以及岗位的具体要求，并描述应聘者所需具备的能力。你要做的是将工作具象化，仿佛它就在你们两人之间的桌子上，而你们正在讨论它。

 **多提问**

你要找到应聘者简历中的亮点，并针对他的背景和工作经历进行提问。你可以采用"二八定律"，

即用 20% 的时间来提问，80% 的时间倾听应聘者的回答和发言。无论你做什么，都要避免在谈话中占主导地位。

有一个问题可以有效地鼓励对方向你敞开心扉。当你陈述完岗位职责后，可以问应聘者："你觉得怎么样？"

每个人都会有想法，这些想法既不是正面的也不是负面的。当被问到"你觉得怎么样"时，应聘者通常会给出许多答案，让你有机会进一步了解他，从而帮助你做出明智的选择。

在应聘面试中，你要聘用的人必须有能力做出令你认同的成果。因此，你要不断对应聘者的工作经历进行提问，了解他做过的哪些工作与这个岗位最重要的成果相关，并了解他是如何做的。还有，

他经历过什么样的成功和失败，对这些成败有什么看法和感受。

在生活中，成功的标志之一就是创造力，而创造力的标志之一是好奇心。优秀的应聘者也会对你进行面试，了解你和你的公司。

应聘者问的问题越多，越能证明他是一个合格的人选。优秀的人会对各个用人单位进行面试，然后自己决定去哪里工作，而不是四处参加面试，任由他人挑选。

### 🔽 寻找勤奋的员工

一个人要取得成功，必须具备的最重要的品质就是愿意努力工作。你可以问问应聘者，如果为了

完成工作必须加班，甚至占用周末或假期，对此他有什么看法。

如果他不愿意接受晚上和周末工作，那么可以肯定，被录用之后，他将成为一个朝九晚五的普通员工。

成功的应聘者会以目标为导向。在他们眼中，工作是帮助公司实现商业目标，也是帮助自己实现个人目标的机会。优秀的应聘者都有明确的目标，他们将这些目标写下来，并制订实现目标的计划。这份工作就是他们计划的一部分。

## 寻找有紧迫感的员工

无论是优秀的员工还是成功的管理者，都具备

一项重要品质，那就是紧迫感。约翰·斯旺（John Swan）是一位招聘专员和猎头，他提出了一个模型，将其命名为SWAN模型。SWAN中的四个字母分别代表聪明（S，Smart）、努力工作（W，Work Hard）、充满野心（A，Ambitious）、待人亲切（N，Nice）。

你需要寻找一个对工作有野心又有点"饥渴"的人。他渴望开始工作，并将这份工作视为通向更好的生活的跳板。他会向你表达自己对工作的渴望，比如"我真的很想在这里工作"。

如果打算录用对方，你要问一个问题："如果我们录用你，你准备什么时候开始工作？"优秀的人希望马上入职。如果他想在入职前稍作休息，那么他不是你要找的那种能推动公司发展的人。

面试应聘者并录用合适的人，这是管理工作的一项关键技能。幸运的是，这项技能可以通过学习和实践来掌握。如果能进一步完善面试流程，那么你就能为公司做出更有价值的贡献，有时候这种贡献可以影响未来数年。

### ▶ 实践练习

1. 列出关键问题清单，请每一个应聘者回答这些问题，来了解他是否适合你的公司。

2. 根据 SWAN 模型设置招聘条件，寻找聪明、努力、有野心且待人亲切的员工。

# 第六章
# 遵循"皆三法则"

成功的面试流程的关键在于所谓的"皆三法则"（Law of Three）。该法则的含义是：最少要面试三个符合条件的应聘者，对最符合条件的应聘者至少要在三个不同的地方进行三次面试。

针对一个工作岗位，你至少要面试三个应聘者。不要限定在第一个应聘者身上，无论他在第一次面试中表现得多么出色。

我的一项原则是，应聘者的日常表现永远比不上他第一次面试时的表现。

在第一次面试时，应聘者能给你留下最好的印象。如果连第一印象都平平无奇，那么在后续面试中，他更不可能打动你。

如果你确实很欣赏这位应聘者，可以对他进行三次面试：第一次在你的办公室；第二次在公司的另一个房间里或茶水间；第三次在办公室之外的餐厅里。很多应聘者在第一次面试中表现得非常优秀，但在第二次就变得平庸起来，到了第三次面试时，你会发现他完全不合适。

"皆三法则"还有一个步骤：至少再请三个人对应聘者进行面试。在刚创业不久的时候，如果面试过程中我很欣赏某个人，就会当场决定录用。结果，我犯了许多招聘方面的错误，耗费了大量的时间、精力、金钱，甚至闹出了官司。后来，我决定不再

依靠个人的判断。如果我很欣赏某位应聘者，会将他介绍给另一个办公室的同事，让他俩一起谈一谈工作、业务或者其他话题。

我的员工都很清楚这个流程。和应聘者聊完之后，该员工将这位应聘者带到另一间办公室，让他和这个办公室里的同事聊聊天。一般情况下，应聘者会接受 6~7 个不同员工的面试。结束后，我们会感谢他抽出时间参加面试，并告诉他会再与他联系。

## 面试过程急不得

惠普公司有一套著名的"七步面试法"。管理者对一位应聘者至少要面试七次。四个不同级的经理面试一人，他们代表了应聘者在未来工作中将要面

对的各级管理者。最后，经过个人面试和群体面试之后，四个管理者会统一对应聘者进行投票。他们的投票结果要一致，如果有一位管理者对应聘者不满意，那么此人就会被淘汰。

之所以对面试过程如此慎重，是因为惠普公司想要招聘的是终身制员工。正是因为坚持这一理念，多年以来，惠普公司的人员流动率始终是高科技行业中的最低水平（2015 年，由于市场环境的剧烈变化，惠普公司宣布裁员 8.4 万人）。

## 🔽 降低人员流动率

一家位于纽约的顶级管理咨询公司在招聘过程中至少进行二十五次面试。因此，该公司能招聘到

十分优秀的员工，其人员流动率几乎为零。哪怕是招聘一位接待员，公司的高级管理者都会参与最终面试。得益于如此谨慎的遴选，该公司的员工有的已经工作了 20 年，有的 30 年，有的甚至 40 年。

要选拔出合适的人才，多次面试是最佳方法。如果不进行多次面试，你招到的可能是其他公司经过多次面试后被淘汰下来的人。

多次面试之后，将所有参与招聘的人员召集起来，就应聘者进行讨论。很多时候，我认为非常优秀的应聘者，到了其他人那里却成了糟糕的人选。有一次，我差点要聘请一位高级管理者来承担一项重要工作，但我的员工与他交谈之后，一致拒绝让他参与公司的业务。

永远不要仅凭自己的判断做出决定。尽量让更

多员工参与到面试过程中。至少请三位你尊重其意见的人对应聘者进行面试。

## 📺 群体面试流程

美国西南航空公司（Southwest Airlines）以其群体面试流程而闻名。公司会邀请一组应聘者参加会议，由面试官向应聘者提出一系列问题。这些问题可能无关紧要，例如：

"你最喜欢的电影是什么？为什么？"

"你为什么想在这家公司工作？"

"你有什么优点吸引公司录用你？"

"你人生中最重要的经历是什么？对你有什么影响？"

这个过程旨在让应聘者既能表达，又能倾听。面试官看重的不是答案的对错，而是应聘者之间的互动。当一个人在回答这些问题时，面试官会观察其他人是微笑、倾听、鼓掌、鼓励他人，还是仅仅坐在那里等待轮到自己。

美国西南航空公司根据应聘者的互动表现而不是答案做出最终的录用决定。这套群体面试流程非常有效，那你的公司使用了哪种制度？

> **实践练习**

1. 按照"皆三法则"规划下一次招聘流程，并按照该流程进行招聘。

2. 为应聘者组织群体面试，观察他们之间的互动。

## 第七章
# 过去的业绩是最佳预测指标

在以往工作中所取得的业绩是衡量应聘者未来业绩的最佳指标，业绩就是一切。正如亨利·福特（Henry Ford）所说："你不能靠将要去做的事来建立声誉。"

应聘者所取得的业绩是你做出录用决定的最佳依据。无论他的外表多么光鲜亮丽，多么富有魅力，还是你多么欣赏他，最重要的是他过去做过什么，取得了哪些业绩。

除非你直接招聘应届生，并培训他们，否则最明智的做法就是了解应聘者的工作经历。这意味着

你必须仔细考查应聘者的背景，确保他所说的个人业绩与事实相符，这是因为大多数人在简历和面试中会夸大自己的业绩。这并非是应聘者在撒谎，而是他将部分参与完成的成果全部算作自己的业绩。

### 寻找具有成就导向的人

哈佛大学心理学家、《追求成就的社会》（*The Achieving Society*）一书的作者戴维·麦克莱兰（David McClelland）发现，激励人们取得成就的个人内驱力（即动机）主要有三种，具体如下。

1）个人成就的需要。这类人会从所取得的成就中获得成就感和个人价值。他们往往会成为优秀的销售人员和管理者，喜欢从事需要对最终结果全权

负责的活动。

2）喜欢成为团队的一部分，工作能力强，善于与他人合作。这类人通过在团队中长期与同事协作完成任务，来获得成就感。

3）喜欢组织、协调并激励一群人完成任务。这类人激励优秀的主管、管理者，甚至是领导者，让他们尽一切可能通过其他人取得成果。

## 🔖 针对成就的面试

面试应聘者时，你可以问一下对方：什么样的成就最能让他感到自豪与满足。而他的答案通常是上述三种动机之一。通过这一点，你可以判断此人是否适合某个岗位，甚至是这个岗位的理想人选。

如果一个人最大的成就是打理花园或读完《战争与和平》(*War and Peace*)，或者是一些不需要持续努力或坚持的事情，那么你会发现，这样的人可能无法胜任需要保持高度的专注力和坚定决心的挑战性工作，却是行政工作的理想人选。如果你想寻找的是这样的人：他的最高成就是销售额翻倍，打破纪录，将利润推向新高，赢得比赛，或者获得某种奖章或奖项，那么你要对有这类背景的人进行面试。

## 过去预示未来

在心理学上，过去的成就为个人奠定了一个心理模板。当一个人取得有价值的成就后，只有在未来取得更高成就才能让他感到满足。对于有过成功

经历的人而言，如果获得了机会，他们会在工作的过程中努力复制这种成功。

你可以问应聘者这些问题：有什么经验；认为自己能够胜任所描述的哪些工作；自己需要怎么做才能出色地完成这份工作；有哪些特殊的品质或能力。

我的朋友切特·霍姆斯（Chet Holmes）是一位顶尖的销售经理，经常为公司招聘销售人员。面试中，在与应聘者进行短暂的交谈之后，他通常会说："通过与你交谈，我听不出你有什么成就。"

这是一道测试题，他想看看对方会如何回答。有些应聘者直接说："好吧，既然你这样想……"，然后灰心丧气地结束了面试。但有些应聘者会心生怒气并反驳他，大胆地表示，虽然自己过去不算成功，但未来有成功的潜力。霍姆斯会录用这类人，

而不是那些一看到拒绝就放弃的人。

你要招聘的员工必须具备相关的工作经验。你要仔细核查应聘者的业绩情况，了解他曾经做过什么。除非是财大气粗的大公司，否则，录用新手或毫无相关工作经验的人，公司要承担极高的风险。特别是对中小型企业而言，应该只录用有工作经验的人，这是因为几乎从入职的第一天开始，这类人就有能力做出令人满意的成果。

**⊙ 实践练习**

1. 列出三种以往的成功经历，它们最能预示应聘者未来将在你的公司取得成功。

2. 列出两种判断应聘者是否能够努力工作的方法。

# 第八章
# 检查简历和推荐信

　　检查简历和推荐信是招聘流程中必不可少的环节。根据以往的经验，我们发现，应聘者的简历通常不够准确，有些甚至经过了专业制作。这样的简历往往不够真实，或者具有误导性。

　　大多数情况下，人们会以某种方式夸大自己的资历。另外，我们发现，介绍信或推荐信的价值并不高，因为它往往是一种安抚手段，以便让被辞退的员工可以平静地离职："如果你接受离职建议，安静地离开，不惹麻烦，我们会为你写一封漂亮的推

荐信。如果有人打电话来询问你的情况，我们也只会说对你有利的话。"

## 亲自检查简历

如果通过专业的求职公司招聘员工，那么这些公司会审查每个应聘者的推荐信和背景，这是他们的重要职能。但是，你必须像侦探那样，至少审查三封不同的推荐信，了解应聘者的真实情况，再决定是否录用。

要了解应聘者的信息，最好的办法是快速登录社交软件，查看他的个人资料，以及他发布的信息，可能会使你大有收获。

越是重要的应聘者与岗位，越需要你亲自审查

推荐信。你可以直接联系写推荐信的人，向其了解
应聘者的情况。但要注意，在多数情况下，写推荐
信的人不会向你提供不利于应聘者的信息，或者对
应聘者的情况闭口不言。

## 如何检查推荐信

你可以打电话给推荐人，先做自我介绍，告诉
对方你正在为某个岗位面试应聘者 A，并询问对方
是否可以回答几个关于 A 的问题，这是因为 A 提供
的推荐人是他。你需要让推荐人明白，你是在寻求
帮助，而且承诺保密。

然后，你请推荐人介绍 A 的主要优点，特别是
适合他所面试岗位的优点。你需要听到对方的正面

回答，通常情况下他会说："嗯，他擅长这个，擅长
那个。"

最后，请对方告诉你 A 在工作中的一些不足。
许多公司提及过去员工的不足时都非常谨慎，但他
们通常会说"A 的动力不足"或"A 的时间利用率还
不够高"。

## 最佳问题

最能揭示真实情况的一个问题可能是："您还会
再聘用他吗？"

有时对方会给出积极的答复，并说："如果不是
这次转型，我们会马上再聘用 A。"这是一个不错的
信号。但是，有的人会不由自主地说："不会，绝对

第八章
检查简历和推荐信

不会。"这个问题非常有价值，能够直接切入问题的核心。

## 📊 最后的问题

挂断电话前，向推荐人提出最后一个问题："我还应该了解些什么？"

在对话或谈判中，最重要的信息往往出现在最后 20% 的时间里。因此，开始时，你可以先进行一般性对话。与推荐人建立起融洽的氛围后，他会对同为管理者和雇主的你产生亲切感。你是老板，他也是老板。招聘和解聘员工是你工作的一部分，也是他工作的一部分。你们两人有很多共同点。

你提出最后一个问题："我还应该了解些什么？"

对方通常会说："有件事你有必要了解一下……"

## 🔷 关键因素

推荐人回答的最后一个问题很可能是关键因素。几年前，我想聘用一位高级管理者，让他 / 她负责与全国各地的连锁经销商联系。有一位应聘者非常平易近人，富有魅力，精力充沛，曾在一家大公司担任高级人事职务。

就像上文所建议的那样，我也联系了他的前雇主，问了所有的常规问题。最后我问："我还应该了解些什么？"对方略显犹豫地对我说："嗯，他有一种大公司心态。"

由于他 / 她只说了这一句话，我忽略了其中隐

藏的信息，最终录用他负责这份工作，每天通过电话与我们的经销商合作，并提供支持。

上任几天后，他将所有的来电都转接到自动应答机上，自己则对自动应答机的留言置之不理。如果有人坚持要他回电，他就将这个任务交给一位初级人员来处理，而自己坐在办公室翻翻文件，不与处于销售一线的任何人接触。当因这个问题给他打电话时，他只是坚持认为自己太忙了，没有时间与有问题的经销商交谈。

## 🔲 致命缺陷

至此，我才明白他的前雇主所说的"大公司心态"，是指他非常善于委派任务，善于让别人（任何人）来为自己做事，而他从不亲力亲为。

当我们请他处理一个项目时，他会立刻将项目分包给其他公司，而这些公司对那种普通的任务也要收取高得离谱的费用。有一次，我请他制作一个简单的演示文稿（PPT），用于开会时进行演示。他将这项任务委托给他一个朋友开的公司。对方只是将纸上的文字变成了一个简短的PPT，却收了8 000多美元。这实在是太离谱了。

## 再用"皆三法则"

前文提到针对一个岗位至少要面试三位应聘者，对最合格的应聘者要在三个不同的地方面试三次。在公司里至少再找三个人对这位应聘者进行面试。

检查推荐信时也可以使用"皆三法则",至少与应聘者提供的三个推荐人进行交谈。与每一位推荐人交谈过后,再尝试"三深入",请推荐人介绍公司内与该应聘者共事过的其他员工。推荐人通常会将你介绍给另一位同事——应聘者事先不知道你会与这位同事沟通。

与该同事进行深入细致的交流,往往能帮你了解之前的推荐人没有提过的事。然后,询问该同事是否能为你介绍另一个曾经与该应聘者合作过的人。通常第三个人完全没有准备,但值得信任。他会为你提供应聘者的信息,帮你做出这样或那样的决定。

还记得彼得·福尔克(Peter Falk)所塑造的影视角色侦探科隆博(Colombo)吗?科隆博破案的方法就是不断提问。他在提问时表现得很随意,似

乎并不在乎答案。他用随意的、不具威胁性的方式提出许多问题，获得了许多重要信息，从而侦破案件。

招聘时，岗位越重要，你越要做一个侦探。你需要确定应聘者本人与他所表现出来的样子一致。否则，一旦录用，可能与他共事要比一开始就决定不录用要难得多。

> **实践练习**

1. 现在就行动起来，对每一位应聘者，至少审查三封推荐信。这样可以为你节省大量的时间与精力。

2. 与面试应聘者时一样，在与推荐人交流之前，先列一个问题清单。

# 第九章
## 家庭成员法

家庭成员法是一种能帮助你做出最终录用决定的方法，它能让你更加理性地去观察、思考，并做出决定。

当你考虑聘用某人时，问自己一系列的问题，其中，第一个问题是："我喜欢这个人吗？"永远不要聘用一个你不喜欢的人。公司的工作氛围是由你所聘用的全体员工的个性组合而成。在职场上，一个态度消极的员工往往会对其他人的态度和表现产生负面影响。

你还应该问自己一个关键问题："我是否愿意邀请这个人星期天到我家，与我的家人共进晚餐？"

## 🔵 听从内心的声音

你会邀请这样的人到家里来，和你的家人坐在一起吃饭，参与家人之间的交流吗？你希望这个人与你的爱人和孩子互动吗？

如果不愿意，原因是什么？当你思考这些问题时，通常会产生直觉反应。重要的是，你要相信这个内心的"呼唤"。大多数情况下，它会让你避免误入歧途。

西格蒙德·弗洛伊德（Sigmund Freud）是当时欧洲最受尊崇的学者之一，有一次，他必须做一

个重要的决定。于是弗洛伊德从口袋里掏出一枚一
先令硬币，抛向空中，然后将硬币接在手背上。与
他交谈的人立即问道："你要通过掷硬币的方式来做
这么重要的决定吗？"

弗洛伊德回答说："如果通过抛硬币来做决定，
那么当硬币抛向空中时，我已经知道了答案。当硬
币在空中时，我知道自己希望它如何落地。"

## 想想你的孩子

有一个类似于掷硬币的好问题，你可以问自己：
"我会让自己的子女在这个人手下工作，或者与他共
事吗？"如果不会，原因是什么？

另一个问题是："我愿意和这个人一起工作 20

年吗？"

设想一下，在接下来的 20 年里，你要与这个人一起工作，每天都要与他见面、沟通。想象你与这个人一起长时间被困在一个箱子里或一个小房间里。你会有什么感觉？

这些问题可以使你的注意力更加清晰地聚焦到应聘者身上，就像调整照相机镜头，以拍出更好的照片。

如果你对这些问题的答案都是否定的，那么这位应聘者可能不是一个合适的人选。必须选择那些让你感到舒服并且有绝对把握的人。你希望他成为公司大家庭，甚至你的小家庭的成员。

我曾选修过人事遴选的研究生课程，为了选出合适的人才，教授向我们传授了一系列技巧、测试、

问题和练习。但在课程结束时，他告诉我们，归根结底，一定要相信自己的直觉。所有测试和面试的主要目的，都是让你获得足够的信息，这样一来，直觉就会给你正确的指导，让你做出正确的决定。

▶ **实践练习** ........

　　1. 想象星期天的晚上，你将一位应聘者带回家，与家人共进晚餐。再想象一下，将现在公司里的一位员工带回家。

　　2. 想象与一位同事再共事 20 年，你的感觉如何？

# 第十章
# 预示成功的最佳因素

我的一个客户是一家大型国际会计师事务所，其规模可能是世界排名第一，在几十个国家拥有 12 万名员工。事务所的管理者告诉我，他们进行了一项涵盖数千名员工的内部研究，跨度长达 30 年，可以追溯到员工的第一次面试。该研究分析了他们当初决定录用每位员工的理由，以及员工个人多年来所取得的成就。

研究结果非常有趣。他们发现，能够预示员工在这家大型跨国公司取得成功的特征之一，就是员

工在应聘时表示，自己只想在这家公司工作，其他
公司概不考虑。

## 自我选择

"只想在这家公司工作"的这种态度叫作自我选
择。恰好只有毕业于一流大学且成绩优异的顶尖人
才才能得到这家公司的面试机会，而这些应聘者的
就业选择本来就很多元化。但对最终在工作上取得
成功的员工来说，面试结束后他们就已经明确，自
己只想留在这家公司工作。

渴望是关键。一个人与你见了两三次面之后，
对你说："我真的很想得到这份工作！我想在这里工
作！除了贵公司，其他公司我都不考虑。我想将贵

公司当成我的事业。"

那么，这就是你要找的人。一个人是否真心实意地想为你的公司效力，这预示着他最终能否取得成功。

##  录用最优秀的人

如何鼓励或激发应聘者的自我选择？答案是从头开始。首先，向应聘者完整地描述这份工作，让他知道自己需要做什么，要实现哪些目标，将有哪些机遇。然后，先不要发放录用通知或者做出录用决定，相反地，要鼓励应聘者仔细考虑。比如说："你看起来很不错，这份工作似乎很适合你。为什么不考虑一下？你可以过两天再给我打电话，告诉我你的想法。"

换句话说，无论应聘者多么有魅力，你都要利用"反向心理"，鼓励对方花点时间考虑，与其爱人讨论一下这份工作，仔细斟酌，不要有压力，也不必着急答复。

有人认为遇到合适的人，就应该立刻抓住他，对此我不敢苟同。我曾经遇到过一位上司，他非常明智，白手起家，创建了一家超过 10 亿美元的企业。他曾告诉我："工作机会和员工就像公共汽车，总会再次出现。你不必追着他们跑，也不必担心。当做一个长期性决定时，一定要放慢脚步。"

## 🔵 拒绝压力

如果应聘者对你施压，让你马上做决定，这是

因为他还有其他工作机会可选。这时，你只需要告诉他："好吧，你应该接受另一份工作。"如果应聘者立刻欣然地接受了录用，那他可能不会干得太久。

当应聘者仔细斟酌后再回来告诉你时，他真的想在你的公司工作。你可以问问他："为什么想在这里工作？"他可能会说："我确实很欣赏贵公司。而且我知道，我可以胜任这份工作。"然后你再问："具体来说，你觉得能做出什么贡献？"你要运用一些周密且智慧的方法让这位应聘者做出有价值的回答。

你还要提一个问题："如果得到这份工作，你首先想做什么？根据我提供的信息，你想从哪里入手？"如果对方的答案能够令你满意，这预示着他已经向优秀员工的方向前进了一半。事实上，如果他能给出一个聪明的回答，说明他已经在思考自己的

贡献了。


## 自主选择岗位

　　纽约有一家非常成功的企业，其招聘流程十分出色，它的面试遵循"皆三法则"或更多的法则。管理者组织应聘者进行一系列讨论，当最终决定录用时，会让他自己选择岗位。

　　这家企业会将该应聘者送到工厂，让他四处参观，与不同岗位的人交流，直到找到一个喜欢的岗位或者中意的团队。然后这位应聘者将不再四处参观，并开始投入工作中。这就是自主选择岗位的极致做法。

　　通过这一流程，该公司创造出惊人的高生产率

与低人员流动率。当然，这个招聘流程未必适合你的公司，但值得思考。很多时候，你可能为某个岗位招到一位优秀的员工，结果发现他在该岗位上碌碌无为，反倒更加适合另一个岗位——在那个岗位上，他可以为公司贡献更多的价值。我自己就多次遇到过类似的情况。

### ▶ 实践练习

1. 列出一系列问题，向应聘者提问，判断对方是否真的想留在你的公司工作。

2. 对优秀员工进行一次民意调查，了解他们选择这份工作的原因。

# 第十一章
## 如何进行薪资谈判

　　与所有谈判一样，在开始谈判薪资之前，你需要尽可能多地收集信息。最重要的是，你必须准确地了解这份工作，了解其他公司为该工作所支付的薪资。

　　你的目标是以最合理的价格（即在竞争激烈的市场中应该支付的最高价格）"购买"最优质、最多的劳动力。

　　互联网上有许多信息，揭示了特定工作、职业或专业的薪资范围。在每个城市，商业团体和商会

也会制作薪资表，从中可以了解其他公司为该区域
内某一特定岗位所支付的薪资。

特别是当你为一个新岗位招聘员工时，一定要
了解其他公司提供的薪资情况。谁掌握了可靠的信
息，谁就掌握了控制权。

## 📖 支付薪资

可以确信的是，当一名应聘者前来面试时，他
已经了解了这份工作的价值。你的目标是确定这份
工作应该支付多少钱，至少在最初阶段，你要以尽
可能低的薪资使应聘者接受这份工作。

为一个岗位招聘新员工时，应聘者以往的收入
往往是确定薪资的最佳参考标准。如果他的求职申

请上没有提出，那么可以直接询问他上一份工作的收入是多少。

我发现，每个人都有一个财务舒适度。如果你为员工提供的薪资低于这个财务舒适度，那么员工很难愉快地工作，脑子里一直想着钱和账单。

财务舒适度往往是一个范围，你的目标就是以这个范围的最低薪资来作为员工的薪资，然后根据他的业绩情况逐渐加薪。

公司的试用期一般是九十天。你要向应聘者解释，在未来九十天内，你们可以共同确定这份工作是否适合他。并且，告诉他，当九十天试用期结束时，你将重新考虑他的薪资与福利，决定是否将他转正，以及转正后的薪资是多少。

##  根据员工当前的价值支付薪资

几年前，为了满足快速发展的业务需要，我想为公司招聘一位全职会计，于是请外聘会计帮忙推荐人选。外聘会计为我推荐了三个人，他事先对每个人进行了筛选。三个候选人的排序相当巧妙。前两个要么个别方面不符合条件，要么整体不符合条件，而第三个是一位年长女性，非常优秀。因为她已经通过了遴选，所以我决定录用她。

我询问她的理想薪资是多少，她告诉我上一份工作月薪为 2 400 美元。我告诉她开始时，只打算每月支付 1 600 美元。但是鉴于她的情况，我将月薪提高到 2 000 美元，但条件是，她需要先经过一个九十天的试用期。我们将考察她的表现，并在试用期结

束时为她涨薪。她勉强接受了这次"谈判",同意接受这份工作。

这天是星期五,两天后的周一她来上班。只用了一天时间,她就完全控制住了我们失控的财务和账目。周二早上,我将她的月薪直接增加到 2 400 美元。在她为我工作的后几年里,我每年都会主动为她加薪两次,这是她应得的。

我的意思是,如果录用了真正优秀的人,就不必在乎试用期的工作考核,应该立即为他涨薪。在职场中,能让你付出最高代价的人就是那些被其他公司以多几美元的薪资挖走的人。请记住,优秀的人通常都在其他地方工作。他们已经有了工作,有了薪资和职业保障。要想为企业找到最优秀的员工,你通常需要将他们挖过来。

##  人才是"免费"的

要舍得为人才花钱。优秀又高效的员工能为公司贡献的价值，远远高于你支付给他们的薪水和福利。

初级经济学课程中讲过边际效应法则（the law of marginal utility），即只要新员工所增加的利润或降低的成本（或者两者皆有）高于公司支付给他的薪水，那么公司就会增加新员工。因此，优秀的人才是"免费"的（但业绩差的员工可能非常昂贵）。

在用人方面，通常是"一分钱一分货"。正如我的朋友肯·布兰查德（Ken Blanchard）所言："如果你只拿出花生，那么招来的只能是猴子。"

> **实践练习** ......................................................

　　1. 将每一位新员工视为一次投资，你需要让回报超过成本，从中赚取利润。

　　2. 向所有新员工说明他们需要完成的工作，无论是增加收益、节约成本，还是做出超出其薪资的贡献。

# 第十二章
# 开个好头

前文说过，工作中最能预示未来成功的一项品质是自我选择——在有其他选择的情况下，应聘者坚定地选择为这家公司工作。

研究还发现了另一个可以预示成功的品质，即员工第一天开始工作的方式。俗话说：好的开始是成功的一半。

人才十分宝贵，因此要对他们采取"孤注一掷"的方法。新员工在新的工作岗位上要"亲力亲为"，因此要让他们有一个好的开始。

当新员工走上工作岗位时，他们的"工作熟悉度"还不高。这意味着他们尚不知道如何正确地完成这项工作，对这项工作的认知或经验十分有限，甚至完全没有概念。他们可能受过良好的教育，从事过很多其他工作，但这份工作对他们来说是全新的，仿佛一个新世界。

## 斗志昂扬，信心不足

工作第一天，新员工往往斗志昂扬，但信心不足。在这个特殊的时刻，他需要你或其他人的关注。这是培养高绩效员工的关键。

大多数公司和管理者都会制订新员工入职培训计划，特别是高薪聘请的重要员工。但是，即使招

聘的是一个行政助理或接待员，也必须为其制订入职培训计划，即帮助新员工迅速成长的业务流程培训计划。

在新员工入职后的几天或几周内，你应该安排好时间，亲自或者让其他人与新员工一起工作，帮他们熟悉公司的过去、现在和未来，了解具体工作。许多公司会为所有新员工安排一周或两周的熟悉时间，这一点对于正在快速发展且频繁招进新员工的公司来说尤其重要。

## 让最优秀的员工来带新员工

如果自己实在没有时间和新员工一起工作，那么将这个任务交给最优秀的员工。有些公司经常会犯一个错误，他们让业绩一般甚至业绩不达标的员工来指导新员工，认为这样可以充分利用这些普通员工的时间。然而，开始工作的前几天或前几个星期，正是新员工了解公司的工作方式、业绩标准与其他员工能力的时候。

如果让一个表现平平，甚至表现不佳的员工为新员工指点迷津，那么新员工很快会产生这样的印象：公司只要求员工达到一般业绩水平。如果让一个不思进取或者态度消极、满口怨言的员工来指导新员工，那么新员工也会以同样的方式和态度开始工作。这可不是作为管理者的你想要的结果。

## 🔘 实施伙伴制

当实施伙伴制（buddy system），为新员工安排"伙伴"时，你应该先与即将负责指导新员工适应岗位的老员工坐下来，一起制定一套指导策略和行动计划——哪怕只是一张清单——明确你希望该员工在与新人相处的几天和几周内要做什么。千万不要听天由命。

人才非常宝贵，大费周章地以高薪聘请的新员工，不应该让他跟着业绩平庸的员工慢慢熟悉业务，因为他会将这样的员工当成自己未来工作的榜样。

很多公司发现，对于同时入职的新员工而言，如果一位员工在最初的几周和几个月里接受了优秀员工的密集培训，而另一个在入职初期没有接受高质量的工作培训，那么即使入职 10 年以后，前者的业绩也会远远领先于后者。

## 业绩最差的公司

多年来，我一直担任销售经理与导师，在这个过程中惊讶地发现，70% 的公司根本没有销售培训。他们只有所谓的产品培训，并且认为销售培训就是教员工如何接近潜在的客户，并与之沟通。

在担任 IBM 的外聘讲师时，我高兴地发现，经过一段艰难的过程，IBM 选拔了一位新的销售人员，并且用了 18 个月的时间对他进行培训。之后这名员工才正式上岗，开始独立联系客户。

优秀的公司就像海军陆战队，会安排新员工（新

兵）进行紧张的培训，确保他们在长远的未来能成
为公司优秀的、重要的贡献者。

###  慢慢来

如果新员工能有一个良好的开始，那么未来的
业绩就能得到显著的提升。

优秀的公司会认真执行新员工的入职培训计划。
他们会事先进行仔细规划，然后将这项培训任务交
给公司最优秀的员工。由负责培训的员工掌控整个
培训过程，并始终秉持开放原则。无论新员工遇到
什么问题，都可以随时向管理者求助，尤其是在他
们即将丧失信心与热情的时候。

> **实践练习** ·································································

　　1.花些时间为新员工指派一位搭档，或者亲自与新员工搭档，帮助他了解工作岗位需要做什么。

　　2.写一份书面计划，明确如何让新员工有一个良好的开始。

# 第十三章
# 从委以重任开始

　　新员工往往干劲十足，急不可耐地想投入新工作中。因此在其入职的第一天，就应该为他安排大量工作，让他沉浸在工作中。超负荷的任务会使这份工作看起来富有挑战性，令人感到兴奋。

　　为新员工安排九十天的试用期不是为了让他慢悠悠地适应公司的环境，而是从一开始就要为他安排大量的工作，同时积极给予反馈和帮助，提供讨论和提问的机会。

## 🔲 没时间放松

几年前，我去一家大公司应聘高级主管的职位。我参加了几次面试，但对方并没有做出最终决定。在交流中他得知我正在大学攻读 MBA 学位，也知道我的最后一门考试将在星期四下午 2 点结束。

考试结束后，我感到筋疲力尽。回到自己的公寓后，我的内心却充满快乐和轻松，连续两年的学习终于结束了。下午 3 点时，我的电话响了，来电的是那家公司的高级主管。他告诉我，我被录用了。我既感激又高兴！我知道，这是一个绝佳的机会，可以发挥自己近期学到的知识与过去积累的经验。

### ◈ 什么时候开始?

　　由于那天是星期四，我认为对方可能希望我下周一开始工作，给三天时间让我释放一下这两年学习的压力。我问："您希望我什么时候开始工作?"他回答说："现在就开始怎么样? 你需要多长时间到办公室?"

　　我向他保证自己一个小时内可以到办公室。我迅速换上西装——这是该公司员工的标准穿着，然后开车匆忙赶往办公室，去见我的新老板。

　　他拿出一张纸说："我列了一张清单，罗列了我希望你马上着手进行的项目。"

　　从那一刻开始到接下来的两年，我每天工作10~14 个小时，经常出差，甚至后来管理公司的三

个部门，而且一周工作七天。我做得越多，老板分配给我的任务就越多，连喘口气或放松的机会都没有。

## 💲 最好的学习经历

这两年的工作让我学到很多，超越了在节奏缓慢的公司里工作 10 年或 20 年可能学到的东西。这无疑是我一生中最好的工作经历，令我受益匪浅，也让公司的效益大幅提升，实现了我与公司的双赢。

时至今日回想起来，我依然心怀感激，因为新老板让我立刻上手工作，而且从不放松压力。

在上班的第一天，新员工最愿意接受新的可能性与挑战，你要利用这种积极的态度。另外，如果

新员工满怀希望和期待地开始了一份新工作，结果公司却让他适应新环境，这会导致他不得不连续几天或几周都坐在办公桌前无所事事。没有比这更令人沮丧的事了。

## 认识同事

向刚入职的新员工介绍每一位同事，介绍公司的运营模式，欢迎新员工成为大家庭的一员，然后让他埋头工作。

员工可能会因为繁重的工作而抱怨。直到晚上六七点钟，员工才离开公司，虽然感到筋疲力尽，但他的内心深处依然热爱工作中的点点滴滴。

今天，人们对企业员工的超负荷工作进行了大

量讨论，有很多不满的声音。但是，对员工的调查结果显示，他们将积极、投入、终日忙碌作为出色完成工作的重要品质。员工们认为，最糟糕的事情莫过于自己整天无聊地闲坐着，无所事事。人们喜欢忙碌。

> **实践练习** ········································

　　1. 列出你需要完成的几项工作，并将它们分配给新员工。事不宜迟。

　　2. 安排新员工接受岗位培训和指导。越早培训新员工，你就能越早腾出时间去做更有价值的工作。

第 十 四 章
# 采用正确的领导风格

一般来说，如果没有受过全面的培训，人们很难出色地完成工作。

保罗·赫西（Paul Hersey）在他的著作《情境领导者》（*The Situational Leader*）中用四象限法颠覆了管理理念，也彻底改变了关于如何与不同员工合作的认识。

他在书中写道：在一个工作岗位上，每个员工都有一定的技能与能力，这决定了领导风格，而领导风格能有效地激发一个人的最佳状态。

## 指导型

第一种领导风格是告知型。如果新员工的知识或技能有限，或者完全没有相关的知识或技能，那么他适合指导型管理风格。管理者的职责是准确地告诉他该做什么，教他如何完成新任务，并向他详细描述工作岗位的要求。指导型领导风格的本质是一种亲力亲为的管理方式。

## 推销型

第二种领导风格是推销型。管理者指明方向，通过和员工双向沟通，鼓励并激励员工完成工作。

## 🔘 参与型

第三种领导风格是参与型。管理者邀请员工对工作进行提问，听取他们的反馈，帮他们找到最佳的工作方式。员工对工作的投入程度与他们事先讨论的工作时间成正比。

## 🔘 委派型

第四种领导风格是委派型，这也是最高水平的领导风格。管理者依然参与决策，但具体工作与责任全部交给有经验的员工或团队。管理者将工作分配给其他人去做，自己则负责监督工作进度。

领导风格需要按照员工的相关经验与技能而定。

情境领导的关键往往在于，如果新员工有相关的从业经验，那么管理者会错误地认为，新员工的工作经验可以全部迁移到新的工作岗位上。因此，忙碌的管理者不会采用指导型领导风格，而是采用委派型——实际上就是对新员工不做任何指导。

## 🔵 新来的接待员

几年前，为了满足快速发展的业务需要，我们招聘了一位接待员。这位新接待员将替代原来的接待员，后者被提拔至一个更符合其教育背景的职位。

招聘流程遵循了"皆三法则"，并且有多名员工对这位应聘的女性进行了面试。我们对她印象深

刻，相信她能够胜任这份工作。但当她入职一天后，负责为新员工进行培训的前任接待员就告诉我们，说我们犯了一个严重的错误：这位新的接待员完全不合格，她胜任不了这份工作，应该立刻被换掉。

我感到非常吃惊，问了她一个关键问题："你是否对她进行了全面的培训，包括如何使用电话系统、电脑和相关软件？"

她的回答也令我惊讶："不，我没有。我认为，既然她能被录用，就说明她知道怎么做这些事。"

我让她回去，耐心地教新员工如何使用我们的系统，因为这对新员工来说是完全陌生的。这位前任接待员很不情愿地照做了。

## ▷ 令人惊喜的转变

经过一周的培训，我们发现这位新接待员的工作能力相当出色，成为目前为止我们见过的最优秀的接待员。而她之所以开始时表现不佳，是因为还没有学会如何正确地工作。她与我们共事多年，直到结婚后才离职。

由此可知，这名新接待员需要的就是指导型领导风格。这种手把手的指导方式可以让她迅速地了解新岗位，激发她的能力来履行职责。

请记住，通过招聘流程录用的新员工，因管理者没有认真思考如何用正确的方式让其尽快熟悉新工作，结果导致新员工流失，这个过程会浪费大量的时间与金钱。

> **实践练习** ·······························

　　1. 想一想你的员工，留意你可能在哪些地方遇到问题和挫折。是不是因为你没有根据员工的能力水平和对工作的熟悉程度使用合适的领导风格？

　　2. 尝试对不同的员工分别采取指导型、推销型、参与型、委派型这四种不同的领导风格。请记住，"萝卜青菜，各有所爱"。

第十五章
# 持续提升工作表现

　　据估计，在企业中，特别是在成长型企业中，有三分之一的新员工能出色地完成工作，三分之一的新员工表现平平，剩下三分之一的新员工随着公司与岗位的变革，在短期内或未来将无法胜任其工作。

　　员工的工作表现出现问题，这就像呼吸一样平常。作为管理者，你的主要职责之一就是解决这些问题，确保公司里的每位员工都能做出最大贡献。解聘员工是最后的手段。当员工的工作表现出现问

题时，如果管理者能发挥出真正的领导素养和有效管理员工的能力，就可以帮助员工提高业绩，避免被解聘。

## 最好的工作

在一项调查中，研究人员要求员工回答自己从事过的最好的工作，他们纷纷回忆起某个公司与老板。研究人员的下一个问题是"为什么这份工作最好？"。

这个问题有两个常见的答案，分别是：我能感觉到上司对我的关心是出于对个人的关怀；我知道上司对我的期望是什么。

要使员工保持最佳工作表现，最好的方式或许

第十五章
持续提升工作表现

是相信员工，对他提出明确的、积极的期望。员工
应该清楚你希望他做什么，希望他以什么标准完成
任务，完成日期是什么，以及如何衡量工作业绩。

如果员工不清楚任务的最终成果，也不知道要
做什么和达到什么样的标准，那么他们的业绩往往
会不稳定。

如果员工明确自己的任务内容，并且有清晰的
方法来评估工作进展的情况，那么就能获得持续的
动力，推动他们不断前进。

提高业绩的第二种重要方法是定期反馈。肯·布
兰查德（Ken Blanchard）说过："反馈是冠军的早餐！"

如果员工得不到定期的反馈，或者没有与上司
进行交流的机会，他们将逐渐丧失工作的动力，对
工作的投入度也会下降。

 **卓越职场**

每年的卓越职场研究所（Great Place to Work Institute）的研究员会编写员工职场体验报告。

在每年的报告中，最常见的一种调查结果是：在顶尖的企业内，员工可以随时与上司交流，表达他们的想法、感受与观点，上司会倾听他们的心声，甚至按照他们的建议采取行动。总之，员工认为，他们可以与上级对话，可以表达不同的观点，不必担心受到批评或丢掉工作。

管理者的职责之一就是经常为员工提供反馈，告诉他们做得怎么样。管理者还要给员工提供办法和建议，以帮助他们更好地完成工作。

## 🔽 定期检查

提升工作表现的第三种重要方法是"检查工作进度"。管理者取得成功的关键是定期检查任务的完成情况，掌握工作的一切进展。就像医生每天早上需要查房一样，你也必须把握业务的"脉搏"。

采取"走动式管理"。每天到处走走，与员工聊一聊，了解他们的工作情况。他们有没有遇到问题或困难？你能否帮他们把工作做得更好？给予帮助，给予反馈和建议，如果员工有需要，你应该及时提供额外的资源。

当你向员工分配了明确的工作任务时，要给予他们反馈，定期检查工作进展。这样做就是在告诉员工，他们的工作非常重要，员工本人也非常重要。

## 🔃 不要做假设

提高工作表现的第四种重要方法是不要做假设。不要假设员工事事都知道，不要假设他们完全清楚自己应该做什么。你需要经常与员工交流工作，请他们提问并给出反馈。你会惊讶地发现，对于希望员工做的工作，他们的理解与你的并不一样。

## 🔃 清楚地表达自己

我曾两次因为员工的工作表现而感到沮丧。他们没有按照我的期望完成工作，也没有将工作做好。我越想越生气，带着这些问题回到家里，并在吃饭时大发牢骚。一天晚上，妻子问我："你有没有向这

些员工表达过你对他们工作的想法和感受？"

我说："当然没有！他们都是成年人了，我认为他们知道自己应该做什么，所以我才这么不满。"

妻子说："为什么你不能坐下来，将你刚才对我说的话清楚地告诉员工？结果可能会令你大吃一惊。"

她说的没错。我将员工逐一请进办公室，清楚地告诉每个人我为什么对他的表现感到失望。每个员工都大感震惊。他们完全不知道自己的工作方式不符合上司的期望，也不知道我或者其他人对他们的工作成果感到失望或不满。

在这两次事件中，员工立刻表示他们会采取改进措施，保证出色地完成任务。最终他们都做到了，而我也从中得到了一个宝贵的教训。如果没有坐下来向他人详细解释你为什么生气，就不要假设对方

对此心知肚明。

如果你能给予员工明确的指导，定期提供反馈并检查他们的工作进度，不随便假设，那么大部分员工的工作表现都能得到提升。

> **实践练习** ·····································

1. 实行"走动式管理"。从办公桌后走出来，四处转转，向员工提问，倾听他们的想法，检查工作的进展情况。

2. 组织周例会，甚至日例会，确保每位员工都知道其他人在做什么。这样一来，员工的士气和团队精神将得到极大提升。

# 第十六章
## 解决工作表现问题

现在，你已经找到了合适的员工。这些员工也顺利入职，接受了你分配给他们的大量工作，完成了所有培训，拥有完成工作必需的全部资源。但是不管怎样，员工的工作表现还是会出问题。这就是工作的特点，也是作为管理者必须面对的问题。

不知为什么，员工总是完不成任务，难以与其他人相处，或者工作质量不佳，随之产生负面效应。有的员工还可能上班迟到，或者喜欢批评别人、满腹牢骚或表现出其他负面情绪，引起办公室内的矛

盾与不满。

## 立刻讨论

应对这类问题最好的办法是立刻着手解决问题。将这位员工请进你的办公室，关上门，你们两个人单独讨论问题，排除一切干扰因素。告诉他你对其某一方面的表现或行为感到不满，然后问他："问题可能出在哪里？"

列举出具体的事例。你可以这么说："本周你已经迟到了3次，第一次迟到15分钟，第二次迟到25分钟，第三次迟到45分钟。我想知道是怎么回事。"

与员工交流之前，你要确保自己掌握了准确的信息。如果有人告诉你某名员工做了这个、做了那

个，那么你要事先了解清楚，掌握事实。然后你向

这名员工重复你了解到的信息，重复时不带任何感

情和评价，让他做出解释，并听他说完。你要认真

听他对这个问题或情况的说明，不要做出评价或打

断其说话。

## 商定解决办法

经过这次讨论，你们双方都已明确，这名员工

的确存在工作表现的问题。那么接下来你们要将注

意力集中到解决办法上来——员工应该怎么做才能

避免同类问题再次发生，以及就如何提升工作表现，

提升到什么程度达成共识，并商定接下来要做的事

情和完成的时间。你可以说："好吧，这周你迟到了

几次，你准备怎么办？"或"你和船运人员有冲突，该怎么解决这个问题？"

让员工同意，从现在开始准时上班；让他直截了当地面对与自己有矛盾的人，你们达成了这些共识，员工就要立刻采取措施解决这些问题。

## 监督与跟进

在这次讨论之后，你要持续监督与跟进，给予反馈，必要时提供支持或额外的帮助，确保员工按照你们商定的方式解决问题。你要做到检查并确认，不要靠假想。

在进行此类讨论时，你需要做好笔记，记录讨论的内容和达成的共识。你也可以与这位员工分享

这些笔记，然后将记录放入个人档案中。这一步非常重要，如果日后需要解聘这名员工，这份记录可以为你提供依据。

## 四个关键问题

有四种情况会导致员工的工作表现出现问题。一旦发现了这些情况，员工表现不佳的原因也不是这四种情况之一，你要立刻予以解决。

1）**角色混淆**。员工不知道自己应该做什么，这往往是导致他们表现不佳的主要原因。

2）**角色矛盾**。员工要完成一项任务，就无法完成另一项任务。如果他要完成大量的文书工作，就无法给客户打电话，推销产品。

**3）角色重叠。**一名员工要完成全部任务或部分任务，而其他人也要负责完成全部任务或部分任务。在这种情况下，双方要么做同样的工作且互相冲突，要么都以为对方会执行这项任务，结果谁都没有做。通常情况下，一项任务应该明确地分配给具体的某个员工，并由他负责完成。这就像写出每个人应该做的具体贡献一样简单。思路清晰是你最好的朋友。

**4）角色缺失。**将一项工作的部分工作交给两名或更多员工去做，但还有一部分工作无人负责。管理者可以将无人负责的那部分工作委派给某名员工，即可解决这个问题。

无论是哪种情况，首先，你要对出现的问题负责，不要指责或批评员工。你要审视自己，反思自己的管理方式、岗位描述等，看看是不是你在做（或

没有做）的事情导致了这种问题的出现。

请记住，当员工遇到困难时，帮助他们解决困难总比放弃他们，再找别人重新开始容易得多。

> **实践练习** ...........................................

1.当员工的工作表现出现问题时，调查清楚具体的情况，找出导致该问题的原因。

2.当你的工作表现出现问题时，立刻想办法解决。通常情况下，你可以在产生严重影响之前就将问题解决。

# 第十七章
## 导致员工失败的两大原因

导致员工无法顺利完成工作的原因有很多，但是有两大原因是无药可救的。

第一个原因是员工缺乏动力。或许你聘用了一位优秀的人，但是，随着时间的推移，或者出现了一些生活方面的变故，这名员工对工作失去了兴趣。缺乏动力的员工对工作只是敷衍了事，领取工资，并不在乎工作的完成质量。

有研究表明，64%的员工是"超然的"。他们的工作投入度很低，对公司的忠诚度也不高，时常寻

找跳槽的机会。

## 四象限

杰克·韦尔奇（Jack Welch）在担任美国通用电气公司董事长期间曾写过一篇文章，这篇文章现在已成为全美各大商学院的必读材料。他在文中提出了一套理念，对美国通用电气公司的员工进行了分类，并阐述了如何管理处于不同职业阶段的员工。

杰克·韦尔奇将员工分为四种类型，并通过四象限进行区分。这四种类型分别为理想型（象限一）、功利型（象限二）、规范型（象限三）、无用型（象限四）。

### ■象限一

这类员工既有工作能力，也有工作动力。他们

对通用电气公司的价值观与信念非常认可，业绩优异，能实实在在地为公司做贡献。他们是公司发展的中流砥柱。

■**象限二**

这类员工有能力，但不认可通用电气公司的价值观。他们可以出色地完成任务，但他们认为公司的价值观和自己的理念和行为标准并不一致。

■**象限三**

这类员工的工作能力不足，但认可公司的价值观。他们积极向上，有工作动力，需要接受更多的培训，积累更多的经验。公司可以努力培养他们，使其成长为象限一中的员工。

■**象限四**

杰克·韦尔奇将既没有工作能力，又不认可公

司价值观的员工归为第四类。公司应该尽快将这类员工解聘。

## 📝 主要结论

这篇文章之所以影响深远，主要因为文末的结论。韦尔奇写道："那些有能力却不认可公司价值观的员工才是公司的祸根，是导致公司内部出现矛盾、钩心斗角和消极情绪的元凶。"

如果员工不打算全身心地投入工作，也不竭尽所能地完成任务，那么你最好建议他们另谋高就。

当你录用一个能力出众的人之后，在很长一段时间内，他都能出色地完成工作，然而后来他却"变质"了，这十分常见。这种情况有时发生在该员工

恋爱或结婚之后，此时他变得心猿意马，不再关心工作；有时药物、酒精，或者生活中的变故也可能导致员工丧失工作动力。无论什么原因，这时你都应该让他们离开公司。

## 兼具能力与积极性

我曾为一位前雇主组建公司，当时我大范围地招聘员工，找到了一些优秀的人。我录用了一位女性做我的总经理兼秘书。她很优秀，态度积极，工作十分努力，也富有创新精神。入职后的两年内，她都是公司不可或缺的一员。

后来，她的感情生活出现了问题——她失恋了。此后她变得十分消极，不合作，不可靠，工作效率

低下。我多次试图与她沟通，让她保持之前的工作状态，结果于事无补。最后，我带着惋惜之情解聘了她，重新聘用了一位新员工。后来我才明白，员工的工作状态由好变坏的情况时常发生。

## 能力不足

导致员工无法顺利完成工作的第二个主要原因是能力不足，无法胜任工作。如果你聘用了一名没有能力的员工，那么无论他多么努力，你都要问问自己，到底是谁缺乏能力。

彼得·德鲁克说："如果管理者录用了一个无能的员工，并且还一直留用这样的员工，只能说明管理者没有能力，无法胜任领导工作。"

到底是谁无能？是缺乏技能、才华或能力，无法完成工作的员工？还是录用了这种无能员工的人？

不幸的是，真正无能的正是那些录用了不称职的员工的人。

## 面对现实

如果所有人都发现某位员工无法胜任工作，而你却一直将他留在工作岗位上，那么其他员工的士气也会受到影响。

此外，你的上司和同僚也会认为你不够称职，不能胜任现在的管理工作。

如果工作内容发生了变化，负责该工作的员工却不做出改变或拒绝学习和成长，导致其工作无法

完成，那么你有责任马上替换掉这位员工。

"群众的眼睛是雪亮的"。所有人都知道谁有能力谁没有能力。如果继续留用一个没有能力的员工，那么，你实际上是在奖励"无能"。由此引申开来，你为没有能力的员工支付薪酬，就是在惩罚那些努力工作的、有能力的员工。

## ⚡ 动力不足还是能力不足？

如何区分一个人是缺乏动力还是欠缺能力？有一个简单的测试问题：如果这份工作关系到生死存亡，他能否出色地完成？

如果这份工作关系到员工的生死存亡，他却依然无法完成任务，这说明他能力不足。当这份工作

关系到员工的生死存亡时，他能出色地完成任务，说明他是动力不足。你必须自己进行判断。

一个不合格的队员会影响整个团队的士气。你的团员指望你能保护他们，确保他们与能力出色的人一起工作。这是管理者的一项主要职责。

### ▶ 实践练习

1. 观察员工，是否有表现糟糕的员工？这名员工表现糟糕是因为能力不足还是缺乏动力？

2. 团队成员是否认可公司价值观，全心全意地投入工作，帮助企业获得成功？如果不是，你打算怎么办？

# 第十八章
# 归零思考法

归零思考法是一个思维工具，可以用于企业的方方面面，特别是对员工的管理。

你要不断地问自己："以我目前所了解的情况，如果重新开始，有哪些事是不会再做的？"

在今天这样发展快速、瞬息万变的时代，你需要不断处理过去做的一些决策和承诺。而这些决策和承诺是现在的你不会再做的决策和承诺。

## 🔲 撤回似乎是个好主意

在最初做决策的时候，根据你当时所掌握的信息，这可能是一个正确的决策。但情况发生了变化，你又掌握了新的信息与经验，外部世界——客户与竞争——也发生了变化。过去正确的决策已经不再适用于今天的情况。如果是这样，你需要尽快撤回这项决策。

在职业生涯中，你也可以用这种思维方式管理员工。你可以问问自己："如果重新开始，以我现在所了解的情况，有没有哪个员工是我不会再录用的？"

如果答案是肯定的，那么你要继续问自己："我要用多长时间可以解聘这个人？如何解聘？"

如果你录用的员工无法顺利完成工作，要立即让可以胜任的员工取代他。

## 📖 评价每一名员工

观察每一名员工，思考一个问题："以我现在了解的情况，如果重新开始，我还会录用这个人吗？"

在经营企业和从事管理工作的过程中，我一次又一次地思考这个问题。如果某名员工不能通过这个简单的测试，我会立刻将他请出公司。你今天不会再录用的员工，就是你在未来工作过程中出现问题和困难的主要原因。

请记住，留用不称职员工的管理者，其本人也是不称职的。

有这样一条定律：解聘一名员工的最佳时机，就是你的脑海中第一次浮现出解聘的想法的时候。

## 🔘 体贴且富有同情心

很多管理者会说服自己不要开除员工，从而使自己成为体贴且富有同情心的人。他们将员工继续留在明显不适合他的岗位上，认为这是在以某种方式帮助他人。

这些管理者认为自己是慈善家，善良体贴，善解人意，不想做出伤害能力不足的员工的事情，但这并不是不解聘员工真正的原因。这些管理者不解聘员工的主要原因是懦弱。继续留用明显不能胜任工作的员工，这并不能体现出他们的魅力与善良，反而是一种没有骨气的表现。不幸的是，这种现象在当今的商界屡见不鲜。

此外，让员工继续留在不适合他的岗位上，也

是一种残忍的行为。对人来说,最宝贵的东西就是时间。如果你能清楚地看出员工在某个岗位上前途渺茫,那么你能做的最友善、最慷慨的事就是给他自由,让他寻找更适合自己的工作。

与此同时,最冷酷无情且最具毁灭性的事,就是将员工继续留在对他来说毫无前途的岗位上。早晚有一天,你会自食其果。而这位员工在接下来的几个月甚至几年内完全是在浪费时间,虚耗生命,而时间与生命都是一去不复返的。

### 做正确的事

作为管理者,当拒绝解聘一个明显不称职的员工时,不要再自欺欺人地认为自己有高尚的品格。

其实只是你自己懦弱地不敢去"做正确的事"罢了。

> **实践练习** ┄┄┄┄┄┄┄┄┄┄┄┄┄┄┄┄┄┄┄┄┄┄┄

　　1. 审视全体员工，并针对每一位员工进行反思：如果现在他走进办公室，向我申请他现在所在的职位，我是否还会录用他？

　　2. 如果有员工未能通过实践练习 1 的测试，你要尽快帮助这位员工找到更适合他的工作。

# 第十九章
## 当解聘势在必行时

当解聘某个员工变成了势在必行的事时，你要充分做好准备，保护自己和公司。我研究了多部相关著作，找到了一种简单有效的方法。多年来，我向成千上万名管理者分享了这种方法，帮他们解聘了有问题的员工，而且没有一人被起诉。

在专业化的解聘流程开始之前，你必须做好充分的准备。当解聘员工时——尤其是在今天，很多律师的工作是纯佣金制的，他们会挖空心思地搜寻客户，寻找可以"敲"一笔钱的公司。因此，对于

解聘员工，你一定要万分小心。

## 随意聘用

在美国，大部分企业在用人方面都很"随意"。也就是说，任何人在任何时候都可能被解聘。尽管如此，一般来说，一家公司的非法解聘诉讼费用在75 000~100 000美元。这是因为管理者事先没有做好充分准备，贸然解聘员工的结果。

无论你的感受如何，都不能直接走过去对员工说："你被解聘了。"相反，你需要花些时间，找到充分的理由。收集该员工的工作表现、诫勉谈话、旷工及其他问题的证明材料。

当你想解聘一个人，让其离开公司时，最有用

的工具就是你和他讨论有关其工作表现问题的书面记录。

## 保留书面记录

通常情况下，解聘员工时你应该说："1）……；2）……；3）……。鉴于以上原因，你被开除了。"这意味着，如果你与被解聘的员工就其工作表现的问题进行了至少3次谈话，而且每一次都做了书面记录，并将记录存入其档案中，那么员工就不能说自己没有得到任何警告或改进工作业绩的机会，因此他几乎不可能再起诉你。

此外，如果你有3份这样的检讨记录，且每一份都有你和员工的签名，即使员工起诉，也几乎没

有律师会接下这样的诉讼。只有认为有机会敲公司一笔钱财时，律师才会接受只收佣金的案件。当你采用了上述"三振出局"式的方式时，除非员工支付了巨额的不可退还的预付金，否则没有律师愿意打这样的官司。

## 考虑诉讼

当解聘一名员工时，你要像人们说的那样，"为面对法官做准备"。这样一来，如果要打官司或上法庭，你的解聘理由就能让法官信服。如果能做到这一步，你就永远不会对簿公堂。

当解聘一位员工时，你尽可能不要夹带私人感情，不要在愤怒的时候开除员工。你应该先让自己

冷静下来，放轻松，并在做解聘决定的过程中，要完全控制自己的情绪。

有句话是这样说的："管理者一生中压力最大的时刻是自己被解聘的时候，压力第二大的时刻是解聘他人的时候。如果没有体验过第二种压力，那么很不幸，你一定会体验第一种压力。"

## 在脑海中复查

将解聘员工的方案在自己的脑海里仔细审查一遍。将想法写在纸上，周密地进行计划，甚至逐条逐字地写下来，并与其他人讨论，向你尊敬的人征求意见。有时，征求他人意见可以为你带来更有价值的想法。你的解聘方案可能有问题，或者证据还

不够充分，因此，不要完全依赖自己的判断。

提前准备好遣散费。在进行解聘面谈之前，你必须明确要为被解聘的员工提供多少遣散费。不要在解聘员工的同时，还要就遣散费问题进行谈判。否则，你将处于非常不利的地位。

最后，拿出你的勇气和决心，做必须要做的事情。你要做出解聘员工的决定，然后坚定地执行。不要让任何事或任何人改变你的想法。

威廉·詹姆斯（William James）曾经写道："解决困难的起点是你想解决它。"

一旦认定这是必须要做的决定，巨大的压力和紧张感就会消失。现在，你已经准备好迈出最后一步了。

> **实践练习** ┈┈┈┈┈┈┈┈┈┈┈┈┈┈┈┈┈┈┈┈┈

　　1. 如果发现某位员工无法胜任工作，你要开始为解聘他做准备，先与他谈话，说明你对他的表现不满意，以及原因。

　　2. 如果某名员工的表现令你不甚满意，你要对他明确说明必须怎么做才能出色地完成工作，明确告知完工的时间，当场做好书面记录，并要求该员工在记录上签字。

# 第二十章
## 解聘面谈

　　解聘他人通常会给你带来压力，但这对一个优秀组织的发展至关重要，就像园丁要为植物修剪枝叶，以确保植物健康成长。这是一个组织成长和变革过程中的必经之路。

　　解聘面谈的最佳时间是在周一、周二或周三。你将它作为早上的第一件事或下班前的最后一件事。尽可能不要安排在周四，尤其不要在周五进行。经过一个周末的时间，被解聘的员工可能会越来越愤怒。这种愤怒往往会使他做出不理智的举动，提出

不必要的诉讼，甚至会做出更糟糕的行为。在一周里的前几天解聘员工，可以让他早点离开公司，立即开始寻找新的工作。

不要在你的办公室里进行解聘面谈，可以找一个地方来谈此事，比如员工的办公室或者会议室。当面谈结束后，你可以立即起身离开。如果公司没有会议室，你也可以与该员工去喝杯咖啡，将解聘的消息告诉他。

最后强调，面谈时不要拐弯抹角，要直截了当，切入正题。

## 重复这些话

我常用的方法是：当决定解聘某名员工后，我

会与该员工坐下来，对他说："××，我仔细考虑了你的工作情况，现在可以确定，这份工作不再适合你，你也不再是这份工作的合适人选。我想，如果你转而从事其他工作，相信你应该会感到更快乐。"

当解聘一名员工时，你要向对方表达敬意，保护他的自尊心。这是一个敏感的时刻，当一个人被炒鱿鱼的时候，即使他讨厌这份工作，他的自尊感也会骤降至谷底。

## 🔵 不要谈论过去

避免指责或重提过去的工作经历。不要罗列此人做过或没做过的任何事情。现在谈论那些为时已晚，他的工作已经结束了。一定要抑制住你的冲动，不要让被解聘的员工为过去做过或没做过的事情感到内疚。

你只需要一遍又一遍地重复这几句"咒语":"我认为这份工作不再适合你,你也不是这份工作的合适人选。我想,如果你转而从事其他工作,相信你应该会感到更快乐。"

## 失业不足为奇

多达 70% 的员工都能意识到自己将被解聘。他们很清楚,自己无法再继续胜任此工作,因而感到不快乐。你不快乐,同事们也同样郁闷,因为大家都知道,解聘是不可避免的。

但是,在如今这个"爱打官司"的社会中,如

果一个人认为自己可能即将被辞退，他会马上"请律师"。他可以直接找一位律师，或者通过朋友找一位律师，咨询如何应对可能发生的解聘面谈。律师会教他如何激怒你，让你说出一些话，让你忍不住重提旧事，这样就能找到起诉你的机会。你一定不要掉进这样的陷阱里。

如果员工确定你不会列举他过去的错误和不足，不会伤害他的自尊，也不会责备他，令他感到无能和愧疚，那么他会平静下来，不再争辩。此时，你就可以进入面谈的下一环节。

## 遣散费

发放遣散费是为了降低失业带来的直接打击，

其根本目的是帮助员工从当前的工作过渡到下一份工作。

在当今的美国 70% 的成年人都没有银行存款，他们完全依靠薪水生活。当一个人被解聘的时候，他所面临的最大恐惧就是身无分文，无法支付账单。

在解聘面谈中，你能采取的最佳策略就是一清二楚地告诉对方，他不会身无分文。

## 遣散费的数额

在美国，拟定遣散费的基本规则是，如果该员工在公司工作时间较短，支付他一到两周的薪水作为遣散费就足够了。如果他的工作时间在两年以上，每超过一年就多支付一周的薪水。不同的行业与企

业在这一点上略有差异，但都以一年工龄对应一周
薪水为标准。

　　最好像付薪水那样支付遣散费。如果要支付
十二周的薪水作为遣散费，那么你可以分次支付，
每次支付一到两周的薪水，就像员工在职时发工资
一样。这种延迟的支付可以防止对方起诉你或在市
场竞争中说你的坏话。

　　你也可以继续为前员工提供医疗保险，给对方
一个缓冲时间，让他安心。你还可以为他写一封推
荐信，只写他在工作中做出的成绩。很多情况下，
如果能拿到遣散费、持续的医疗保险和推荐信，员
工都会安然离开。

　　为了与员工达成和解，你还可以为他介绍新工
作，特别是那些任期较长的主管和管理者为被解聘

员工介绍新工作在大公司里很常见。你甚至可以请一位就业咨询顾问，帮助被解聘的员工寻找新工作。

## 立刻行动

如果解聘面谈时的气氛紧张，或者员工表现得非常愤怒，威胁要起诉或报复你，你要立即让此人离开你的办公地点。你可以留一名员工待命，必要时请他将被解聘员工带到办公桌前，清空其办公桌，留下钥匙和工卡，然后将被解聘员工带离办公楼。如果走到了这一步，你对待此人的方式一定要像从皮肤上拔掉一只黄蜂那样果断。他在公司待得越久，情况就越危险。

当解聘某位员工时，我会让另外一个人参加解

聘面谈，一般选择与被解聘员工性别相同的人。一定要有一个证人坐在那里，听每一句话，避免产生误解。

## 设计托词

如果解聘面谈的气氛友好，你们需要就"托词"达成共识。如何向他人解释被解聘员工的离职原因，以保护他的自尊与名誉，这就是托词。当别人问起时，你就可以将提前设计好的托词告诉他。你可以说："×× 是因为这个原因才离职的。"

你要征求被解聘员工的意见，问他是否同意因个人原因辞职。同时你要建议他写一封辞职信，以便告诉别人他是自愿辞职的，因为这份工作让他很不快乐，或是他想做点其他事情。辞职的原因无关紧要，只是为了顾全员工的面子。就这套托词达成共识后，你必须且只能按照你们约定的说法向他人解释。

当与员工沟通遣散问题时，你的目标是尽可能友好、低调地完成解聘程序，尽量简单平稳、平和公正。结束之后，你应立即起身离开。

### ▶ 实践练习

1.仔细回顾本章，列出清单，以便你打算辞退某名员工时，可以实践其中的方法。要成为优秀的管理者，必须做好员工的解聘工作。

2.鼓起勇气去做必须要做的事情，以此来克服你的恐惧或犹豫。从此以后，这件事将变得越来越容易。

# 第二十一章
## 解聘的禅机

　　几乎所有人在职业生涯里都会遇到被解聘的时候，也几乎所有人在职业生涯里都会遇到解聘他人的时候。解聘的禅机是"种瓜得瓜，种豆得豆"。如果不得不解聘一个人，请记住：宇宙中存在播种与收获的规律。这是人类命运的铁律，永远不会被打破。

　　解聘员工的时候，你要做到公平、善良、宽容，具备同理心和同情心，力求态度温和。当必须解聘一个人时，你正手握大权，一定不要滥用这种权力。

第二十一章
**解聘的禅机**

即使被解聘员工十分生气、愤怒，对你大发脾气，即使他已经给你带来了很长时间的麻烦，让你已经彻底厌倦了他，那你也要温柔一点。俗话说：凡事留一线，日后好相见。

## 黄金法则

遵循黄金法则。己所不欲，勿施于人。如果有一天你被解聘，那么你希望以什么方式被辞退，就要以同样的方式辞退别人。

你要面对解聘面谈的压力，被解聘的员工同样会坐立不安。但在大多数情况下，他可能会找到一份自己更喜欢的新工作，那时才发现你的决定是对的。他将从新工作中收获更多的快乐。

当一个人到了不得不被解聘的地步，其实这时候他已经无法从工作中获得幸福感了。很多情况下，如果方法得当，员工被解聘后还会回来感谢你。

## 🔽 维持友好关系

在社交场合，我时常能见到很多被我解聘的员工。他们还会邀请我去他们家里度假、吃饭，我也会邀请他们来我家。

几乎每一个被解聘的员工都找到了更喜欢的工作，收入也随之增加。他们时常告诉我，被我解聘是人生的一大幸事。

当你要解聘某人时，请记住这样一个事实：世界的运转自有其规律。有一天你可能会发现，自己

向这个人求职，你要为多年前被你解聘的人工作。你可能会发现，自己日后的工作需要此人的推荐信或介绍信，或者利用他的影响力。

这些情况比你想象得更加常见。当你不得不解聘一位员工时，请采用温和谦恭的方式，这样他才会继续将你视为朋友和支持者。

解聘他人是一项很有压力的工作，但你可以体面、从容地完成这项任务，给被解聘的员工、公司和你自己一个满意的结果。

对待即将被解聘的员工，你可以将其视为未来会影响你事业的人。你要保持专业、坚定、善良、积极、温和的态度，记住解聘的禅机，践行黄金法则。如果你必须解聘一个人，那么就努力将这件事做好。

# 博恩·崔西职场制胜系列

《激励》
定价：59 元

ISBN 978-7-5046-9168-2

《市场营销》
定价：59 元

ISBN 978-7-5046-9127-9

《管理》
定价：59 元

ISBN 978-7-5046-9167-5

《谈判》
定价：59 元

ISBN 978-7-5046-9166-8

《领导力》
定价：59 元

ISBN 978-7-5046-9128-6

《高效会议》
定价：59 元

ISBN 978-7-5046-9182-8